# IL PADRE NOSTRO
# LE NOTRE PÈRE — S VATTERUNSER
# IGL BAB NOSS

Bernadette
Brigitte Hanhart
Nord-Süd

Tgers lectours,
Igl BAB NOSS è l'oraziun la pi viglia e la pi bela tgi nous cunaschagn. Ella n'è pero betg ena oraziun simpla. Igls maletgs cotiers, n'èn betg angal nias fatgs per decoraziun. Els duessan indigtier la significaziun digls pleds, senachegl tgi nign igls recitescha sainza patartger vedlonder. E partgi nign n'ambleida, tgi el sez possa livgier enpo igl mal an chest mond er angal cun pansar vedlonder. Chegl è igl scopo digl noss codesch.
Igls maletgs nirossas ad ancleir. Cò anc enqualtgi indicaziun: La seira, avant ta durmantar, oravant saintas tschivlar igls utschels. Els èn tschantos sen las plantas e sen igls tetgs. Adegna puspè els sgulatschan, e sgolan ad ot. Els inditgeschan la veia agl partratg: BAB NOSS, TGI TE IST AINTEN TSCHIEL.
SANTIFITGIA SEIA IGL TIES NOM. Christus dei: Chegl tgi vous faschez ad egn digls pi pitschens digls mies frars chegl vez fatg a mè. Uscheia santifitgainsa igl sies nom, cun assister agls povers, a chels tg'on fom, a chels tg'on freid, agls malsangs, agls oppressiunos, alla gliout viglia, bandunada tgi na so betg ple gidar sasez. Dia na vot betg tg'els vegian da piteir. Partge avant el, tots carstgangs èn madems.
IGL TIES REGINAVEL VIGNA. Curatgi tots carstgangs èn per nous madems, curatgi i na dat nigns inimeis ple, nigns povers e nigns retgs, e curatgi er igls carstgangs d'otras pelischungs èn igls noss frars, alloura igl sies reginavel è nia. Igls ferms na duessan betg triumfar sur digls debels, scu igl liung sur digl ghiz. Chegl è la sia viglia.
LA TIA VIGLIA DAVAINTA SEN TERA SCU AINTEN TSCHIEL. Nous stuagn amprender tgi tots carstgangs ansemen furman ena famiglia. Chegl antscheva tar las tgossas pitschnas. Schi mintgign sa dat pero fadeia, tots pon davantar ventirevels. Nous stuagn acceptar igl grev, igl inevitabel, scu chegl tgi la tera accepta la plievgia e la garnela.
Partge nous n'ischan betg pussants. Ancunter la mort na pudainsa far navot. Blers tranter nous on anc fom, dantant tgi oters veivan an surabundanza. Partign cun els, partgi er els vegian da veiver. NOSS PANG DA MINTGADE DO A NOUS OZ.
E PARDUNGA A NOUS IGLS NOSS DABETS – Schi nous na partign betg cun chels tgi èn an basigns, nous ans faschagn culpevels. Ed anc pi culpevels ans faschainsa, schi nous pigliagn igl pi bisignevel dad els per migliurar la nossa situaziun. Nous igls stuagn gidar, senachegl tgi er els possan deir: SCU NOUS PARDUNAGN AGLS NOSS DEBITOURS.
E BETG LASCHANS CRUDAR AN MALAMPRUAMAINT. Nous pero, ans laschagn manar an tentaziun da tot. Nous lagn adegna angal posseder. Nous pigliagn ed amblidagn, tgi nous ischan cò per dar. La tentaziun è schi gronda, tg'igl carstgang ò amprandia ad aveir tema digls carstgangs. Er igls animals on amprandia chegl e surtot la nateira andeira da nossa angurdientscha. Spendra nous da chegl. SPENDRA NOUS DIGL MAL. Senachegl tgi nous n'ans sfondran betg veapi fitg an errour.
PARTGE TIES E IGL REGINAVEL. Ed ainten el tot las createiras da chest mond. Las plantas, igls animals scu er igls carstgangs. Igl reginavel da Dia appartigna a tots carstgangs mademamaintg. Seias bung cun las createiras – surtot cun las pitschnas. Er la PUSSANZA e la GLORGIA da Dia sa mossa an tgossas pitschnas e mievlas, ple tgi an grondas e vigurousas. Uscheia è er l'erva tgi prui sot la neiv pi impurtanta tgi igl tung digl tgametg. Ed igl unfant ainten igl best dalla mamma, è ple tgi tot chegl tg'igls carstgangs èn bungs d'inventar. Gl'è la sumeglia da Dia.

Caro lettore,
IL PADRE NOSTRO è la più antica, la più bella preghiera che conosciamo. Ma non è una preghiera semplice. Le illustrazioni del libro che ti presento non servono soltanto da decorazione, ma vogliono richiamare l'attenzione sulle parole, affinché nessuno le pronunci meccanicamente. Anche per il solo fatto di rifletterci su, ciascuno di noi può mitigare – nella misura delle proprie forze – le conseguenze del male nel mondo. È questo lo scopo del nostro libro.
Per quanto le illustrazioni siano facilmente comprensibili, diamo ancora qualche indicazione: Prima di addormentarti ascolta il canto degli uccelli! Si posano sui rami e sui tetti, ma di continuo ricominciano a volteggiare per poi spiccare il volo e librarsi nel cielo alto. È così che indicano la via al pensiero: PADRE NOSTRO CHE SEI NEI CIELI –
SIA SANTIFICATO IL NOME TUO. Cristo dice: In verità vi dico che ciò che fate a uno dei più piccoli di questi miei fratelli, lo avete fatto a me. Così santifichiamo il suo nome: Soccorrendo i poveri, gli affamati, coloro che hanno freddo, i malati e gli oppressi, i vecchi soli e abbandonati. Dio non vuole che soffrano. Tutti siamo uguali al suo cospetto.
VENGA IL REGNO TUO. Soltanto quando tutti avranno gli stessi diritti, quando non ci saranno più nemici, non più poveri e ricchi, quando anche gli uomini di altra razza e colore saranno i nostri fratelli, soltanto allora potremo salutare il suo regno. I potenti, i forti non devono trionfare sui deboli come il leone sull'agnello. Questa è la sua volontà.
SIA FATTA LA TUA VOLONTÀ, COSÌ IN CIELO COME IN TERRA. Noi dobbiamo imparare ad essere una sola, grande famiglia. Si comincia dalle piccole cose. Se ognuno si desse da fare secondo le proprie possibilità, tutti potrebbero essere felici, pur accettando i dolori inevitabili, così come si accettano la pioggia e la grandine. Perché noi non siamo potenti. Perché noi contro la morte siamo impotenti. Molti di noi patiscono la fame, mentre altri vivono nell'abbondanza. Date, date ai diseredati, affinché anch'essi possano vivere. DACCI OGGI IL NOSTRO PANE QUOTIDIANO!
E RIMETTICI I NOSTRI DEBITI – Se non dividiamo ciò che abbiamo con quelli che sono in miseria, ci rendiamo colpevoli. E quanto più colpevoli siamo se togliamo loro lo stretto necessario per arricchirci! Dobbiamo aiutarli affinché possano dire: COME NOI LI RIMETTIAMO AI NOSTRI DEBITORI.
E NON CI INDURRE IN TENTAZIONE. Noi vogliamo sempre ricevere. Noi prendiamo e dimentichiamo che siamo al mondo per dare. Così grande è questa tentazione, che l'uomo ha imparato a temere il prossimo. Anche gli animali l'hanno imparato, e la natura soffre più di tutto per la nostra avidità. Liberacene, LIBERACI DAL MALE. Per non smarrirci, per non perderci sempre di più.
PERCHÉ QUESTO È IL REGNO TUO. Con tutte le tue creature: Le piante, gli animali e gli uomini. E fra gli uomini nessuno appartiene al regno di Dio in minor misura di un altro. Sii buono con tutte le creature e in primo luogo con le più deboli! La POTENZA e la GLORIA di Dio si manifestano anche nelle cose piccole, umili e silenti, più che in quelle grandi, forti e rumorose. Così come è più importante il seme che germoglia sotto la neve, che non il fragore del tuono. Così come il bambino nel grembo materno è ben più importante di tutto ciò che l'uomo possa mai inventare. È l'immagine di Dio.

Cher lecteur!
Le NOTRE PÈRE est la prière la plus ancienne et la plus belle que nous connaissions. Ce n'est pourtant pas une prière simple. Aussi, les images avec lesquelles nous l'avons illustrée ne sont-elles pas là simplement en tant que décoration. Elles veulent faire allusion à ce que les mots signifient. De façon à ce que personne ne les récite sans réfléchir. Et de façon à ce que personne n'oublie qu'on peut soi-même soulager quelque peu les malheurs du monde, rien qu'en y pensant. C'est à cela que ce livre devrait servir.
Vous comprendrez les images. Voici encore quelques indications: avant de t'endormir, le soir, tu entends les oiseaux gazouiller au dehors. Ils sont perchés sur les arbres et les toits. Mais ils battent sans cesse des ailes et prennent leur essor. C'est ainsi qu'ils montrent le chemin à la pensée: NOTRE PÈRE, QUI ES AUX CIEUX – QUE TON NOM SOIT SANCTIFIÉ. Le Christ dit: Ce que vous faites au moindre des miens, c'est à moi que vous le faites. Nous sanctifions donc son nom, lorsque nous secourons les pauvres, les affamés, ceux qui ont froid, les malades, les opprimés, les vieilles personnes qui sont seules et ne peuvent plus s'occuper d'elles-mêmes. Dieu ne veut pas qu'ils souffrent. Car devant Lui, tous les êtres humains sont égaux.
QUE TON RÈGNE VIENNE. Quand, pour nous aussi, tous les êtres humains sont égaux, quand il n'y a plus d'ennemis, plus de pauvres et de riches, et lorsque même les êtres humains qui ont une autre couleur de peau que la nôtre sont nos frères, alors son règne est arrivé. Les puissants ne doivent plus triompher des faibles, comme le lion du chevreau. C'est sa volonté.
QUE TA VOLONTÉ SOIT FAITE SUR LA TERRE COMME AU CIEL. Nous devons apprendre que tous les hommes forment ensemble une grande famille. Cela commence avec les petites choses. Mais si chacun se donne de la peine, tous pourront être heureux. Et nous devons accepter le difficile, l'inévitable, comme la terre accepte la pluie et la grêle.
Car nous ne sommes pas puissants. Nous ne pouvons rien face à la mort. Beaucoup d'entre nous souffrent de la faim, alors que d'autres vivent dans l'opulence. Partageons avec eux, pour qu'ils puissent vivre aussi. DONNE-NOUS AUJOURD'HUI NOTRE PAIN DE CE JOUR!
ET PARDONNE-NOUS NOS OFFENSES – Si nous ne partageons pas avec ceux qui sont dans le besoin, nous sommes coupables. Et nous sommes encore bien plus coupables quand nous leur prenons leur nécessaire pour améliorer notre situation. Nous devons les aider pour qu'eux aussi puissent dire: COMME NOUS PARDONNONS AUSSI À CEUX QUI NOUS ONT OFFENSÉS.
ET NE NOUS SOUMETS PAS À LA TENTATION. Mais nous nous laissons tenter. Nous voulons toujours posséder. Nous prenons – et oublions que nous sommes là pour donner. La tentation est si grande que l'homme a appris à craindre les hommes. Les animaux aussi l'ont appris et la nature souffre surtout de notre cupidité. Délivre-nous de cela, DÉLIVRE-NOUS DU MAL. Pour que nous ne nous enfoncions pas plus loin dans l'erreur.
CAR C'EST À TOI QU'APPARTIENT LE RÈGNE. Et avec lui toutes les créatures de la terre. Les plantes, les animaux, et les êtres humains. Et parmi les êtres humains, aucun n'appartient moins au royaume de Dieu qu'un autre. Sois bon envers les créatures – et d'abord envers les petits. La PUISSANCE et la GLOIRE de Dieu se manifestent mieux dans les petites choses tendres que dans les bruyantes. De même, l'herbe qui pousse sous la neige est-elle plus importante que le tonnerre qui gronde. Et l'enfant sur les genoux de sa mère est plus important que ce que les hommes pourraient inventer. C'est une image de Dieu.

*Liebe Leser!*
*Das VATERUNSER ist das älteste und schönste Gebet, das wir kennen. Aber es ist kein einfaches Gebet. Die Bilder, die wir dazu gemacht haben, sind deshalb nicht bloß zum Schmuck da. Sie wollen hinweisen auf das, was die Worte meinen. Damit sie niemand gedankenlos hersagt. Und damit niemand vergißt, daß er selbst das Übel in der Welt ein wenig lindern kann, wenn er nur daran denkt. Dazu soll dieses Buch dienen.*
*Die Bilder werdet Ihr schon verstehen. Hier noch einige Hinweise: Vor dem Einschlafen, abends, kannst Du draußen die Vögel zwitschern hören. Sie sitzen auf Bäumen und Hausdächern. Aber immer wieder flattern sie auf, fliegen empor. So weisen sie dem Gedanken den Weg: UNSER VATER, DER DU BIST IM HIMMEL – DEIN NAME WERDE GEHEILIGT. Christus sagt: Was ihr einem dieser meiner geringsten Brüder tut, das habt ihr an mir getan. So heiligen wir seinen Namen, indem wir den Armen beistehen. Den Hungernden, Frierenden, Kranken, den Unterdrückten, den alten Leuten, die einsam sind und sich nicht selber helfen können. Gott will nicht, daß sie leiden müssen. Denn vor ihm sind alle Menschen gleich.*
*DEIN REICH KOMME. Wenn auch für uns alle Menschen gleich sind, wenn es keine Feinde mehr gibt, nicht mehr arm und reich, und wenn auch die Menschen anderer Hautfarbe unsere Brüder sind, dann ist sein Reich gekommen. Die Mächtigen sollen nicht mehr über die Schwachen triumphieren wie der Löwe über das Zicklein. Das ist sein Wille.*
*DEIN WILLE GESCHEHE AUF ERDEN WIE IM HIMMEL. Wir müssen lernen, daß alle Menschen zusammen eine einzige große Familie sind. Im kleinen beginnt es. Aber wenn jeder sich darum bemüht, können alle glücklich werden. Und das Schwere, Unvermeidliche müssen wir annehmen, so wie die Erde Regen und Hagel annimmt.*
*Denn wir sind nicht mächtig. Gegen den Tod können wir nichts. Aber noch leiden viele unter uns Hunger, da andere im Überfluß leben. Gebt ihnen davon, damit auch sie leben können. GIB UNS HEUTE UNSER TÄGLICH BROT!*
*UND VERGIB UNS UNSERE SCHULDEN – Wenn wir nicht teilen mit jenen, die Not leiden, machen wir uns schuldig. Und wieviel schuldiger machen wir uns, wenn wir ihnen ihr Nötigstes nehmen, damit es uns besser geht. Wir müssen ihnen helfen, damit auch sie sagen können: WIE AUCH WIR VERGEBEN UNSEREN SCHULDNERN.*
*UND FÜHRE UNS NICHT IN VERSUCHUNG. Aber wir lassen uns von allem versuchen. Immer ist es so, daß wir haben wollen. Wir nehmen – und vergessen, daß wir zum Geben da sind. So groß ist diese Versuchung, daß der Mensch gelernt hat, den Menschen zu fürchten. Auch die Tiere haben es gelernt, und die Natur leidet am meisten unter unserer Habgier. Erlöse uns davon, ERLÖSE UNS VON DEM BÖSEN. Damit wir uns nicht mehr weiter verirren.*
*DENN DEIN IST DAS REICH. Und in ihm alle Geschöpfe der Erde. Die Pflanzen, die Tiere wie die Menschen. Und unter den Menschen gehört keiner dem Reich Gottes weniger an als der andere. Sei gut zu den Geschöpfen – und zu den kleinen zuerst. Auch die KRAFT und die HERRLICHKEIT Gottes zeigt sich in den kleinen und sanften Dingen mehr als in den lauten. So wie es mehr ist, wenn unter dem Schnee die Gräser keimen, als wenn der Donner erschallt. Und wie das Kind im Schoß der Mutter mehr ist als alles, was Menschen erfinden können. Es ist ein Ebenbild Gottes.*

Bab noss, tgi te ist ainten tschiel

*Padre nostro che sei nei cieli*



Notre Père qui es aux cieux

*Vatter im Himel*

Santifitgia seia igl ties nom

*Sia santificato il tuo nome*

Que ton nom soit sanctifié

*Diin Name isch heilig*

Igl ties reginavel vigna

*Venga il tuo regno*

Que ton règne vienne

*Laa Diis Riich uf d'Ärde cho*

La tia viglia davainta sen tera

*Sia fatta la tua volontà anche in terra*

Que ta volonté soit faite sur la terre

*Diin Wile söll gälte uf der Ärde*

scu ainten tschiel

*com'è fatta nel cielo*


comme au ciel

*so wie im Himel*

Noss pang da mintgade dò a nous oz

*Dacci oggi il nostro pane cotidiano*

Donne-nous aujourd'hui notre pain de ce jour

*Gib eus jede Tag z äsle*

E pardunga a nous igls noss dabets

*E rimettici i nostri debiti*




Et pardonne-nous nos offenses

*Und vergib eus eusi Fääler*

scu nous pardunagn agls noss debitours

*come anche noi li abbiamo rimessi*

*ai nostri debitori*


comme nous pardonnons aussi à ceux

qui nous ont offensés

*Mir wänd au de andere iri Fääler vergässe*

E betg laschans crudar an malampruamaint

*E non ci indurre in tentazione*

Et ne nous soumets pas à la tentation

*Füer eus nöd i Versuechig*

Ma spendra nous digl mal

*ma liberaci dal maligno. Amen.*

Mais délivre-nous du Mal

*Nimm s Böse vo eus wäg*

Partge ties è igl reginavel



Car c'est à toi qu'appartiennent le règne
*S ghört ja ales Diir*

E la pussanza




La puissance

*D Chraft und d Macht*

E la gloria




Et la gloire
*Und d Herrlichkeit*

An parpeten! Amen.




Pour les siècles des siècles. Amen
*Bis i d Ewigkeit. Amen.*

Bildinhalte von Brigitte Hanhart
Übersetzung in Mundart von Käthi Born
Text Seiten 1 und 2 von Brigitte Hanhart und Kurt Baumann, übersetzt in:
Romanisch von Ligia Romontscha-Lia Rumantscha
Italienisch von Viviana Brunner-Bolognini
Französisch von Jaqueline Godan

© 1980 dieser Ausgabe Nord-Süd Verlag Mönchaltorf + Hamburg
Alle Rechte vorbehalten
Lithographie: Photolitho AG Gossau/ZH
Satz: Layoutsatz Zürich
Herstellung: Druckerei Walter, Olten, Schweiz
ISBN 3 85825 155 0